O DEBATE

Guel Arraes e Jorge Furtado

O DEBATE

Cobogó

SUMÁRIO

O DEBATE 9

O estado a que chegamos,
por José Almino 67

O DEBATE

de **Guel Arraes** e **Jorge Furtado**

Esta é uma obra de ficção.

Esta peça é escrita na urgência dos acontecimentos políticos do Brasil no ano de 2021. Será filmada e encenada assim que for possível e reescrita assim que for necessário.

CENA 1

Brasil, outubro de 2022.

O cenário é o terraço de um prédio, com muitas antenas, máquinas de ar condicionado, a casa de máquinas dos elevadores, caixas-d'água, chaminés, fios.

Abre-se uma porta corta-fogo e surge MARCOS (60). Roupa de trabalho, máscara, crachá da empresa, celular na mão, copinho de café na outra. Marcos, lendo no celular, larga o copinho de café, tira a máscara, dobra, põe no bolso, pega o isqueiro, uma carteira de cigarros, acende, fuma, guarda a carteira de cigarro. Marcos lê e fuma.

Abre-se a porta corta-fogo e surge PAULA (42), roupa de trabalho, celular na mão, fumando.

PAULA: Você viu a pesquisa?

Ele coloca a máscara.

PAULA: Por que a máscara?

MARCOS: Parece que esta nova cepa, a Sigma, é dez vezes mais contagiosa.

Ela se afasta para fumar.

PAULA: Que horror. E agora?

Ele tira a máscara.

MARCOS: Vai ter que reforçar com uma terceira dose. E pelo menos um mês de distanciamento social.

PAULA: Com esse governo que está aí?

MARCOS: Vai ser o grande tema do debate.

PAULA: Você viu a pesquisa?

MARCOS: Vi.

PAULA: Eles não vão publicar?

MARCOS: Eles, você quer dizer, nós. Não, nós não vamos publicar.

PAULA: Por quê?

MARCOS: Porque é ilegal. Não foi registrada no TSE no prazo legal. "Legal", neste caso, é o oposto de "ilegal". Se nós publicarmos, é um crime, a tevê sai do ar, simples assim.

PAULA: Você sabe que eles atrasaram a pesquisa para não poder publicar.

MARCOS: Tá bom.

PAULA: A pesquisa é séria, é quente. O Lula está subindo, o Bolsonaro está caindo, essa pesquisa mostra isso! Você vai esconder uma pesquisa que pode tirar um fascista do governo?

Paula apaga o cigarro.

MARCOS: Tudo isso que você falou, Paula, essa frase inteira, é besteira. E você sabe disso, você aprendeu comigo que isso é besteira. "Eles" é quem? Você ACHA que "ELES", seja lá quem for "ELES", atrasaram a pesquisa. Você ACHA que a pesquisa é séria, você ACHA que o Lula está subindo e o Bolsonaro caindo, e você ACHA que o Bolsonaro é um fascista. Isso não é jornalismo.

PAULA: Ele é um fascista.

MARCOS: A maioria não concorda, estamos numa democracia, portanto...

PAULA: Ele parece um fascista, pensa como um fascista, fala como um fascista, age como um fascista...

Paula acende outro cigarro.

MARCOS: Na sua opinião. Você vai fumar outra vez?

PAULA: Estou acumulando nicotina, vou ficar muito tempo sem fumar lá dentro.

MARCOS: Quantos cigarros já fumou hoje?

PAULA: Não estou contando.

MARCOS: Devia.

PAULA: Olha só quem está falando! Você é grupo de risco.

MARCOS: Estou fumando menos.

PAULA: Menos...

MARCOS: Do que quando morávamos juntos.

PAULA: Eu estou fumando mais.

MARCOS: Você comeu alguma coisa antes de fumar esse que deve ser o seu terceiro cigarro?

PAULA: Segundo. Não comi, e não estou com fome. Ele é contra tudo que você acredita, Marcos. Contra a arte, a cultura...

MARCOS: Isso é discurso, ele diz que é contra gastar dinheiro público em arte e cultura, muita gente concorda.

PAULA: Mas estão errados.

MARCOS: É a sua opinião! E a minha também, mas talvez não seja a da maioria. Você precisa comer, Paula. Café e cigarros não é uma dieta muito saudável.

PAULA: Fruta que eu compro estraga, leite eu não tomo. Pão tem que sair para comprar, voltar para casa para comer...

MARCOS: Um pão de fôrma na geladeira...

PAULA: Estou sem torradeira.

MARCOS: Pegue a sua. Amanhã eu trago.

PAULA: A torradeira é sua.

MARCOS: Eu não uso, não estou comendo pão.

PAULA: Foi presente da sua irmã.

MARCOS: Eu não uso. Amanhã eu trago.

Marcos abre a porta, entra no prédio. Paula fica lendo notícias no celular e fumando.

Blackout.

CENA 2

Paula, vestida como apresentadora do jornal televisivo, está numa bancada e dirige-se aos espectadores.

PAULA: Boa noite. Logo mais transmitiremos o último debate do segundo turno das eleições presidenciais de 2022 entre Jair Messias Bolsonaro e Luiz Inácio Lula da Silva, com mediação do jornalista Lucas de Souza, diretamente dos nossos estúdios de São Paulo. E logo depois do debate eu encontro vocês no Jornal da Noite com os comentários e a repercussão desse encontro que pode definir quem será o próximo presidente do Brasil. Até já.

Blackout.

CENA 3

Abre-se a porta corta-fogo e surge Paula, com mesma roupa que fez a chamada, celular na mão. Marcos coloca a máscara.

PAULA: Eu fiz teste, negativo.

Marcos tira a máscara

PAULA: Se a gente passar a pesquisa para alguém, que publica, a gente repercute.

MARCOS: Ninguém sério vai publicar pesquisa fajuta.

PAULA: E se o Lula citar a pesquisa no debate?

MARCOS: Problema dele. No jornal que eu edito, e você apresenta, nós só publicamos pesquisas legais, registradas no TSE.

PAULA: Se ele citar a pesquisa, nós podemos repercutir, isso vai para as redes.

MARCOS: A pesquisa já está nas redes, esta e mais duas, fajutas também. Se nós publicamos, a pesquisa deixa de ser fajuta, e nós passamos a fazer um jornalismo... fajuto.

PAULA: Você realmente não está interessado em impedir um desastre? O Bolsonaro, reeleito, já pensou?

MARCOS: Você não confia na democracia?

PAULA: Nem um pouco. Deveria?

MARCOS: Deveria. Quem sabe o Lula não arrasa com o Bolsonaro no debate? Já pensou a audiência? Último dia de campanha, último debate, eles quase empatados...

PAULA: Ele pode arrasar no debate e mesmo assim perder a eleição.

MARCOS: Não seria a primeira vez. Lula pode ganhar a eleição sem que a gente cometa um crime.

PAULA: Mas pode perder, se a gente não fizer nada.

MARCOS: Quem disse que nós não vamos fazer nada? Vamos cobrir o debate, vamos analisar o desempenho de cada um. Vamos fazer tudo que nós sabemos fazer, vamos fazer o que deve ser feito, vamos fazer jornalismo.

PAULA: Que lindo! Você já usou isso numa formatura.

MARCOS: Não na sua.

PAULA: Não. Na minha você falou que isenção jornalística não existe. Sabe que eu acreditei? Agora, eis-me aqui, vinte anos depois...

MARCOS: Por favor, dezenove.

PAULA: ... ouvindo você, meu editor, querendo ser isento.

MARCOS: Não quero ser isento. Quero ser justo.

PAULA: Qual a diferença?

MARCOS: Isento é neutro, isento de culpa. O isento... se isenta, não faz nada, não escolhe, ou acha que não escolhe, porque na verdade escolhe, sim, escolhe não fazer nada. Nós fazemos, e porque fazemos, temos que ser justos, temos um poder muito grande.

PAULA: Justos com quem? Com quem vai perder o seu emprego, vai perder sua chance na universidade, sua chance de ter uma casa?

MARCOS: Temos que ser justos com a democracia. Essa é a sua opinião. Talvez a maioria decida que suas chances de ter emprego, casa, universidade, serão maiores se o Bolsonaro vencer.

PAULA: Você sabe que não serão.

MARCOS: Sei? Eu ACHO que não serão, acho que o Bolsonaro é péssimo, não voto nele de jeito nenhum, mas eu tenho que documentar a campanha, quem decide é o eleitor.

PAULA: E ser justo é se omitir quando o mal pode vencer?

MARCOS: Paula, você está parecendo esses políticos patéticos, "Deus está vendo!". Isto não é uma batalha do bem contra o mal. O Lula já foi governo muito tempo. Disse que ia mudar as faixas do imposto de renda, aliviar pros mais pobres, nunca mudou. Agora fala em "taxar grandes fortunas", por que não taxou quando foi governo? Quer que eu te faça uma lista de petistas ilustres que encheram os bolsos? E de ladrões de vários partidos que encheram os bolsos nos governos do PT?

PAULA: Marcos, cuidado, você está bem perto de dizer que entre o Bolsonaro e o Lula é "uma difícil escolha", que "são dois extremos".

MARCOS: Não é uma difícil escolha porque eu, como jornalista, não tenho que escolher, tenho é que documentar.

PAULA: Tá bom, você é neutro. Hitler invade a França e você fica neutro.

MARCOS: Lei de Godwin: falou em Hitler, perdeu a discussão. Nada se compara com Hitler.

Marcos apaga o cigarro no copo de cafezinho.

PAULA: Bolsonaro revogou a lei de Godwin, e a multa por não usar cadeirinhas de bebê nos carros. Eu não quero ganhar a discussão, quero salvar o país.

MARCOS: Você tem que perguntar para as pessoas se elas querem ser salvas por você, pelo Lula, ou pelo Bolsonaro. Para isso servem as eleições, para saber a opinião da maioria. Esse negócio de país não existe, Paula! O país é uma abstração, foi desenhado a lápis por generais e banqueiros.

PAULA: Uma abstração que tem uma memória comum, uma língua, uma seleção de futebol, hino, bandeira, fronteiras defendidas à bala, uma culinária, uma música, um conjunto infindável de superstições que você acha respeitáveis na sua argumentação, incluindo essa tal maioria, que você tanto preza, e que não inclui quem mora na abstração Argentina ou na abstração Uruguai.

Ele vê no celular.

MARCOS: Vai começar.

Ela mostra o cigarro para ele, vai terminar de fumar. Ele entra no prédio. Ela aumenta o som do celular, vinheta sonora de programa jornalístico. Ela se apressa a dar mais duas tragadas. Apaga o cigarro.

Black-out

Trilha sonora: montagem de mensagens gravadas nas redes sociais polemizando a respeito da pauta de costumes.

CENA 4

Marcos e Paula chegam no fumódromo.

MARCOS: ... a imensa maioria dos brasileiros é contra o aborto.

PAULA: Não é esta a questão! O aborto é uma coisa ruim, como alguém pode ser a favor do aborto? A questão é saber se uma menina de 14 anos que transou e não usou camisinha deve ser mãe, largar a escola, sustentar uma filha sozinha, entregar para a avó criar. E se tentar o aborto com um chá ou com uma agulha de tricô, arriscando a vida, tem que ser presa por isso!

MARCOS: Você tem toda a razão, concordo com você, mas talvez a maioria dos brasileiros não concorde, acredite que se a lei for mais liberal do que é...

PAULA: Mais liberal do que é? O Brasil está ao lado da Arábia Saudita, do Afeganistão, Somália, Tonga... É uma hipocrisia total, as brasileiras ricas fazem aborto quando e como querem, com segurança. As mulheres pobres se ferram, 80 mil, todo ano, vão parar no hospital.

MARCOS: Para muita gente, especialmente para quem é religioso, o aborto é um assassinato, eles acreditam que a vida começa no embrião.

PAULA: Conversa, é puro moralismo! As clínicas de reprodução mandam milhares de óvulos fertilizados, "embriões excedentários", todo dia, para o lixo, só de mulheres ricas, ninguém reclama.

MARCOS: Que eu saiba, os embriões têm que ser guardados, congelados.

PAULA: Tinham, essa lei mudou em 2013. Agora, depois de 5 anos elas já podem ir para o purgatório. O Bolsonaro está puxando o saco dos crentes com esse papo moralista, contra o aborto... Gente ignorante!

MARCOS: Os crentes, pessoas que acreditam em Deus, têm alguma religião, no mundo, são ampla maioria. Os ateus, como você...

PAULA: E você.

MARCOS: Sim, como nós... Somos 8%. Você não acha que é... pedante, arrogante, pouco prático e, por isso, insensato... os 8% acharem que os 92% são "gente ignorante"?

PAULA: Você agora vai defender esses achacadores em nome de Deus? Gente treinada para arrancar os últimos centavos dos pobres e botar no bolso, livres de impostos?

MARCOS: Nem todos são assim. Muitas igrejas têm escolas, hospitais. Você chega no fim do mundo, numa enfermaria de um hospital qualquer, e encontra religiosos cuidando dos doentes. Nos presídios, a reabilitação é infinitamente maior entre os crentes. A igreja, a comunidade religiosa, é muito importante para muita gente.

PAULA: Sim, os pastores empregam muitos pilotos de avião nos seus jatinhos.

MARCOS: Isso é meia dúzia. A igreja é o espaço de encontro, de namoro, de criação de vínculos, de apoio, recomendação de emprego... Onde mais um pobre da periferia pode falar sobre alguma coisa que não seja a sobrevivência, pode usar sua melhor roupa, pode cantar?

PAULA: Aleluia.

MARCOS: Sabe qual é a única coisa comum a todas as religiões?

PAULA: O dízimo livre de impostos? Programas de tevê pedindo dinheiro? Roupas estranhas?

MARCOS: A oração. A oração existe em todas as religiões. A religião é uma forma de exercitar a poesia, toda oração é em forma poética. A religião é também uma forma de filosofia, de sabedoria simbólica.

PAULA: Sabedoria simbólica que aceita PIX, mas prefere dinheiro vivo. A religião foi inventada por medo da morte, por isso atrai tanto os velhos.

MARCOS: Como eu.

PAULA: Ah, não enche, Marcos!

MARCOS: Paula, por que você não reconhece que se separou de mim porque eu estou velho?

PAULA: Você não é velho.

MARCOS: Sou, inclusive legalmente. Para a terceira dose da vacina eu estarei no primeiro grupo.

PAULA: As mulheres são mais sábias, dão menos importância a beleza e juventude do que os homens. Sabem que beleza ou juventude não é mérito, é natureza.

MARCOS: Isso é filosofia. Quem se importa com mérito? O que conta é o resultado, os estragos do tempo. Quando eu olho uma foto minha do tempo que a gente se conheceu e comparo com agora, eu mesmo me pergunto se ainda ficaria comigo.

PAULA: Já falamos sobre a diferença de idade muitas vezes durante o casamento.

MARCOS: É a primeira vez que falamos depois da separação. Faz toda a diferença.

PAULA: É claro que já me senti culpada de pensar que a nossa diferença de idade também pesava.

MARCOS: Culpada por quê? Por ser jovem? Culpados seriam meus pais, que me fizeram nascer tão cedo.

PAULA: Culpada por ter acreditado que a diferença nunca pesaria.

MARCOS: E pesou.

PAULA: Pode ser, mas não foi o principal. A gente foi ficando mais distante um do outro por culpa dos dois. Ou minha idade também pesou para você?

MARCOS: Chegou aquele momento de eu dizer que você está mais linda do que antes. Mais linda do que nunca.

PAULA: Obrigada.

MARCOS: Você sabe que é verdade. Por enquanto só está com medo de envelhecer. Ficar comigo só piorava as coisas.

PAULA: Eu pensava que também ia aprender a envelhecer com você. Percebi que seu medo era maior do que o meu.

MARCOS: Eu não tenho medo de envelhecer, eu tenho medo é de morrer.

PAULA: Você tem medo dos dois, o que é uma contradição. Envelhecer ainda é a melhor opção.

MARCOS: Isso também é filosofia. Filosofar é isso, aprender a morrer.

Pausa.

MARCOS: O Twitter concorda comigo: quase 70% apoiam Bolsonaro, contra o aborto. Lula se ferrou nessa.

PAULA: Quem tem que decidir isso é a mulher, qual é a dúvida? A ideia do Estado, desses políticos vigaristas, malucos, mandarem no meu corpo é ridícula.

MARCOS: Eu concordo com você. O seu "país", não. O Brasil é um país violento, machista. Quando as feministas fizeram campanha contra o Bolsonaro, ele cresceu nas pesquisas.

PAULA: Como assim? Primeiro lugar, não foram as feministas, foram as mulheres...

MARCOS: Nem todas.

PAULA: As que têm condições de se informar e de ir para rua protestar. O Bolsonaro é extremamente machista, deu várias declarações machistas, essas mulheres sabiam que se ele fosse eleito o governo dele ia ser um enorme retrocesso.

MARCOS: Como foi. E a maioria das mulheres votou nele.

PAULA: Você acha que nós devíamos ter ficado quietinhas para não espantar votos?

MARCOS: Não, acho que vocês fizeram muito bem em protestar, e nós demos ótima cobertura aos protestos, só que a maioria da população brasileira é pobre, e espera muita coisa do governo. Espera casa, água, luz elétrica, emprego, segurança, saúde, educação, transporte, uma lista enorme de coisas que vêm antes de igualdade de gênero.

PAULA: Ok, então enquanto não tivermos habitação, luz elétrica e emprego para todos, as mulheres devem apanhar em silêncio e ser assassinadas sem reclamar.

MARCOS: Isso é uma ironia, você sabe que a ironia é um argumento de quem desistiu do debate.

PAULA: Um argumento que não resiste a uma ironia não deveria ser considerado.

MARCOS: A ironia é uma piada, um beco sem saída, é preciso dar marcha a ré, voltar para o argumento: quem acha que as políticas de gênero devem ser prioridade de governo é uma minoria.

PAULA: Por enquanto! As primeiras mulheres que exigiram poder votar eram minoria. Os gays que fizeram as primeiras paradas de orgulho gay eram minoria. Por não terem aceitado ficar em silêncio, elas e eles mudaram o mundo.

MARCOS: Menos do que imaginam. Quem chegou aqui há mais tempo sabe que o mundo muda e desmuda. O mundo é muito mais careta hoje do que era há 40 anos. Entre a invenção da pílula, em 1960, e a chegada da Aids, em 1981, foram 21 anos de liberdade crescente, fazer sexo era como beijar. Então, tudo mudou, fazer sexo podia matar, trair o parceiro passou a ser caso de vida ou morte.

PAULA: Você está defendendo que o ciclo de caretice é natural, biológico, e que biologia é destino. Se for assim, é bom lembrar que ninguém mais precisa morrer de Aids e as pílulas estão cada vez mais seguras. Está na hora de o mundo mudar de novo.

Blackout.

Trilha sonora: montagem de mensagens gravadas nas redes sociais polemizando a respeito de questões sociais.

CENA 5

Paula e Marcos entram no fumódromo.

PAULA: ... o Bolsonaro foi contra a PEC das domésticas. Ele é escravocrata.

MARCOS: E ele ganhou votos com isso. Ganhou muitos votos. Ele disse o que muita dona de casa pensou: vou pagar mais, minha empregada vai trabalhar menos, cheia de direitos trabalhistas...

PAULA: Madames escravocratas sempre existiram.

MARCOS: Não é só madame, não! A classe média tem empregada, o Brasil tem 7 milhões de empregadas domésticas, um recorde mundial. Quem ganha 4 mil, 5 mil reais, não vai ter uma empregada com carteira assinada. Ele disse que muitas que tinham carteira assinada iam ser despedidas e reaproveitadas como diaristas.

PAULA: Você acha que isso está certo?

MARCOS: Eu? Claro que isso não está certo, mas ele tinha razão. Depois da lei, o número de demissões de domésticas aumentou 25%.

PAULA: Se a pessoa é demitida porque quer um salário justo, descanso e férias, isso não é emprego, é escravidão.

MARCOS: Concordo com você e acho mais: acho que está errado ter empregada doméstica.

PAULA: Não radicaliza, é uma profissão como qualquer outra, ou deveria ser.

MARCOS: Acho errado que uma pessoa tenha que sustentar a sua família com uma pequena parte do meu salário. E detesto ver essa pessoa, dentro da minha casa, limpando meu banheiro. Acho errado. Mas as pessoas têm empregada, você tem.

PAULA: Você também.

MARCOS: Uma faxineira, uma vez por semana.

PAULA: Você não achou empregada até agora?

MARCOS: Não estou mais procurando.

PAULA: Está comendo na rua todo dia?

MARCOS: Em casa, quase todo dia. Tele-entrega, congelados, tem de tudo. Não dou bola para comida, você sabe.

PAULA: Você gosta de comer bem. Gostava de ir a bons restaurantes.

MARCOS: Mais para agradar a você. Não vejo sentido em atravessar a cidade, pagar uma fortuna, para comer massa com molho.

PAULA: Tagliolini com trufas brancas.

MARCOS: Massa com molho.

PAULA: Vê só como a gente nunca conhece alguém! Eu sempre achei que você adorava aquele restaurante.

MARCOS: Gostava de lhe ver feliz. E das cadeiras também, ótimas. É um dos meus primeiros critérios para escolher um restaurante: as cadeiras. Coisa de velho.

PAULA: Tá vendo? Mais uma prova de que você também não estava feliz.

MARCOS: Mas foi você que me deu um pé na bunda.

PAULA: Não existe essa história. Uma separação é feita a dois, igual a um casamento. O resto é fofoca.

MARCOS: Tem um que toma a iniciativa.

PAULA: Se um quer se separar é porque o casamento deixou de ser bom.

MARCOS: Podia não estar bom para você e estar bom para mim.

PAULA: Você se dá conta do absurdo que está dizendo?

MARCOS: Absurdo nenhum.

PAULA: Quando não está bom para um, não está bom pros dois.

MARCOS: Não sei por quê.

PAULA: Para que é que uma pessoa vai querer ficar num casamento que não está bom para a outra? É como alguém dizer que casou sem o outro querer.

MARCOS: A gente podia ter tentado um pouco mais.

PAULA: Podia.

MARCOS: Você que não quis.

PAULA: Você só quis depois que eu disse que queria me separar.

MARCOS: Está vendo? Reconheceu que foi você que me deu um pé na bunda.

PAULA: Eu não sei por que essa obsessão em querer determinar quem chutou quem! O que você quer? Um VAR sentimental?

MARCOS: Seria uma boa invenção.

PAULA: Parece que você está mais preocupado com sua reputação de macho do que com a separação. "O ciúme é só vaidade".

MARCOS: Você está querendo diminuir sua culpa porque viu como eu sofri.

PAULA: E eu, não?

MARCOS: Você sentiu alívio.

PAULA: Porque sofri antes de você. Passei noites sem dormir antes de me decidir.

MARCOS: Não percebi.

PAULA: Porque não prestou atenção. Mil vezes, durante o dia, eu pensava em conversar sobre isso. Ficava lhe observando para ver se via algum sinal de que você também estava percebendo como a gente andava distante, e nada.

MARCOS: Tem certeza que isso aconteceu? Não vi.

PAULA: Acho que você não quis ver. Estava esperando que eu tomasse a iniciativa para se livrar de mim sem culpa.

MARCOS: Não, ISSO não aconteceu. Eu nunca quis me livrar de você. Eu achei que eu ia passar a parte final da minha vida, o último capítulo, com você, lembrando do que nós fizemos juntos. Sem ter com quem lembrar, sou capaz de esquocer. [*olha o celular*] Temos que entrar.

PAULA: O último capítulo tem que ser o melhor de todos. Em vez de lembrar do que você fez, devia planejar o que fazer. Você está vivo.

MARCOS: Quando eu era pequeno alguém me explicou que quando o corpo morre a alma demora a desencarnar. Primeiro ela não sabe que morreu e continua se comportando como se estivesse viva, frequentando os mesmos lugares, convivendo com quem ama. Até que ela tem a revelação da morte do corpo e sofre muito por causa disso. Não se conforma de ter morrido, não quer se afastar do mundo material com saudade de si mesma. Eu estou nessa fase da separação, ainda preciso desencarnar.

PAULA: Isso que você contou é o enredo de *Ghost*. [*pausa*] Marcos, ninguém morreu.

MARCOS: Eu vou morrer dentro de você. E você, dentro de mim.

PAULA: Não precisa ser assim.

MARCOS: "Um amor com outro amor se mata."

PAULA: Nada a ver, isso é mais um clichê. Quanto mais amor, mais amor. A gente foi feliz como casal, deixou de ser. Não foi por falta de amor, mas por mil outras razões: rotina, dependência, vontade de experimentar outras coisas...

MARCOS: E outras pessoas...

PAULA: E você também não quer a mesma coisa?

MARCOS: Você nunca perdoou meu caso com a Joana.

PAULA: Não exagere, você não teve um caso com a Joana. Vocês transaram algumas vezes, só isso.

MARCOS: E você nunca perdoou.

PAULA: Aí é que você se engana. Fiquei péssima, fiquei puta, mas terminei entendendo que você não tinha cometido um pecado que eu tivesse que "perdoar" ou precisasse lhe castigar. Parei de me castigar. Voltei a ficar bem comigo mesma, sem precisar de você. E aí você voltou a gostar de mim.

MARCOS: Eu nunca deixei de gostar de você.

PAULA: Está vendo? Um amor não precisa matar outro. Nossos amores são como bolas de bilhar, batendo umas nas outras, mudando a configuração do jogo.

MARCOS: Vez por outra a bola branca cai na caçapa.

PAULA: Acontece. Mas aí não foi amor, foi engano.

Blackout.

Trilha sonora: montagem de mensagens gravadas nas redes sociais polemizando a respeito do tema da corrupção.

CENA 6

Os dois entram no fumódromo, cigarros acesos.

PAULA: ... corrupção é pauta de corrupto. Sempre foi.

MARCOS: Tá bom. Lula se elegeu atacando a corrupção, falando que era honesto.

PAULA: E ninguém provou que não era.

MARCOS: Vai dizer que não teve corrupção, e muita, no governo dele?

PAULA: No governo de todos! Ontem eu li um texto da *Folha de S.Paulo*, falando em superfaturamento e corrupção na Petrobras, pedindo uma "devassa rigorosa, completa, imparcial e implacável nos negócios da Petrobras". A data: 31 de janeiro de 1964, dois meses antes do golpe militar. O Paulo Francis denunciou a roubalheira na Petrobras em 1996. Os ladrões que foram presos no "Petrolão" começaram a roubar a Petrobras em 1997, bem antes do governo do Lula, ainda no primeiro governo do Fernando Henrique.

MARCOS: Entendi. Todos roubam, então tudo bem roubar.

PAULA: Isso é uma ironia. Como é a regra? Desistiu do debate?

MARCOS: Eu sou jornalista agora, informo e analiso as coisas que acontecem agora.

PAULA: Os moralistas dizem que acabando a corrupção vai ter dinheiro para a saúde, a educação, a segurança... É mentira! A corrupção no Brasil é, exagerando muito, de 30 bilhões por ano. O governo paga só de juros da dívida, aos bancos, 30 bilhões por mês!

MARCOS: Você acha pouco, 30 bilhões por ano perdidos em corrupção? É o que o governo gasta por ano no Bolsa Família.

PAULA: Pois é, e paga um Bolsa Família inteiro, por mês, aos bancos, de juros. Que juros são esses? Que dívida é essa? Quem sabe? Isso é que é corrupção!

MARCOS: Paula, para quem ganha 1.045 reais de salário mínimo, trabalhando honestamente, oito horas por dia, e gasta mais duas horas indo e voltando para o trabalho, 30 bilhões de dinheiro público, no bolso dos corruptos, dá vontade de matar, e de votar em qualquer um que não roube e prometa não roubar.

PAULA: Bolsonaro e a família nunca tiveram poder para roubar muito, e quando tiveram, fizeram de tudo: rachadinha, lavagem de dinheiro, nota fria de posto de gasolina, milhões de gastos no cartão corporativo... As acusações ao Lula, as sérias, são de caixa dois do partido, isso todos fazem e ele mesmo reconheceu. A campanha do Bolsonaro teve caixa dois, um laranjal de candidatos falsos, quem não sabe?

MARCOS: Caixa dois é crime, é dinheiro não declarado, é lavagem de dinheiro, que pode vir de qualquer lugar, do crime, do tráfico de armas, da corrupção... Crime é crime.

PAULA: Sim, mas há crimes e crimes. O cara que rouba uma fruta na feira, para comer, não pode ter a mesma punição de quem rouba oxigênio do hospital do câncer infantil para comprar um carro importado.

MARCOS: Acontece que a corrupção rouba o oxigênio do hospital do câncer infantil. Corrupção com dinheiro público não tem perdão.

PAULA: Eu sei, mas isso deveria ser caso de polícia, não de política. Você não pode escolher o destino do país com esse critério, quem rouba menos ou rouba mais. Políticas públicas de distribuição de renda, defesa da saúde pública, da educação pública, políticas que gerem empregos... Isso muda a vida, não uma mixaria de corrupção.

MARCOS: Trinta bilhões por ano, mixaria... Vou me lembrar disso na hora de dividir meus bens com você.

Paula ri.

PAULA: Por falar nisso, falei com a advogada.

MARCOS: O que ela acha?

PAULA: Que a primeira coisa que a gente devia fazer era ter dois advogados.

MARCOS: Eu não acho.

PAULA: E que no caso de a gente decidir ter um só advogado, que seja o meu.

MARCOS: Ela...

PAULA: Você tem alguém para recomendar?

MARCOS: Não. Mas não gostei dela.

PAULA: Eu gostei...

MARCOS: Mas deveria ser de comum acordo.

PAULA: Se nós formos ter um advogado só.

MARCOS: Você não concorda?

PAULA: Era o que nós dois tínhamos combinado, daí você disse: "Pode escolher, eu confio em você".

MARCOS: A gente não vai escolher uma mesma advogada para nós dois se ela mesma é contra ter um advogado só.

PAULA: Ela não disse que era contra, disse que pode ser complicado.

MARCOS: Complicado como?

PAULA: Assim...

MARCOS: Você acha então que a gente deve ter dois advogados?

PAULA: Não sei, tenho dúvida.

MARCOS: Você mesma sugeriu de a gente ser parceiros na separação e que a melhor pessoa para entender o que nós dois estamos vivendo é a gente mesmo.

PAULA: Tem razão.

MARCOS: Então eu acho que a gente devia decidir antes, entre nós, como dividir os bens.

PAULA: Você começa.

MARCOS: Você sabe que a lei manda dividir tudo meio a meio.

PAULA: E o que você acha?

MARCOS: Acho a lei justa, mas não no nosso caso.

PAULA: Ah...

MARCOS: A lei está certa, é feita para a maioria dos casais em que a mulher larga a profissão, ou termina arranjando um emprego menos qualificado porque tem que cuidar dos filhos, da casa... A gente não tem filhos, você não precisou deixar seu trabalho para cuidar de casa e quando nos conhecemos eu já tinha 18 anos de carreira e algum patrimônio.

PAULA: E o que você sugere?

MARCOS: Que você pense primeiro se devemos seguir a lei ou fazer outro acordo.

PAULA: Eu acho que é justo a gente fazer outro acordo.

MARCOS: Eu também. Vamos fazer isso com a ajuda de um advogado. Ou dois, como você preferir.

PAULA: Vamos fazer com um só. Essa que eu gostei.

MARCOS: É justo.

Eles escutam o som de uma vinheta sonora vinda lá de dentro, ligam e olham seus celulares que tocam a mesma vinheta, apagam rapidamente os cigarros.

Blackout.

Trilha sonora: montagem de mensagens gravadas nas redes sociais polemizando a respeito do combate à violência.

CENA 7

Paula e Marcos entram no fumódromo.

PAULA: [*conferindo o celular*] Não acredito! Muita gente achou que o Bolsonaro venceu este bloco? Como é possível?

Paula e Marcos acendem cigarros.

MARCOS: Foi feito um referendo no Brasil sobre as armas em 2005, você era estudante...

PAULA: Me formei em 2001.

MARCOS: Então você devia lembrar, a pergunta é se a venda de armas e munição deveria ser proibida.

PAULA: Aquela campanha foi toda errada, ninguém quer que as coisas sejam proibidas...

MARCOS: Não importa. Na véspera do referendo o Ibope dizia que a venda de armas e munições não devia ser proibida, mas que ia ser parelho, 55 a 45. O resultado foi que as armas venceram por 60 a 30.

PAULA: Eu lembro, foi 63 a 36.

MARCOS: As armas venceram de lavada. E as pesquisas estavam erradas porque muita gente tem vergonha de dizer o que sente. Ou medo.

PAULA: Agora não estamos discutindo se a venda de armas deve ser proibida, estamos discutindo se ela deve ser liberada para alguém poder comprar trinta armas, metralhadoras, fuzis, pistolas automáticas. Milícia, faça você mesmo.

MARCOS: Nós moramos em edifícios com porteiro, câmeras, cerca elétrica... Muitas pessoas pobres, as que mais sofrem com a violência, apoiam o Bolsonaro. Se você não concorda com essa ideia...

PAULA: Não é que eu não concorde com a ideia: eu nem consigo imaginar como alguém pode ter uma ideia dessas! Como é possível alguém imaginar que mais armas nas mãos das pessoas, mais gente com arma em casa, no carro, na mão, que isso vá diminuir a violência e o número de mortes? Que lógica é essa?

MARCOS: Muita gente concorda com ele. Política é mais sentimento do que lógica.

PAULA: Sentimento? Uma arma na mão? Sentimento?

MARCOS: Sim, Paula, pode ter certeza, uma arma na mão é um sentimento para muita gente. Assim como um sapato, um carro, pode ser um sentimento. Um anel, um brinco, é o que? Serve para quê? Qual a lógica de furar a orelha e enfiar um brinco? Pior: dois brincos!

PAULA: Não viaja, Marcos, brincos são adornos milenares, ninguém mata o vizinho com os brincos! Já pensou o trânsito, no Brasil, com motoristas armados? Morrem mais de 60 mil pessoas à bala no Brasil, todo ano! Violência se resolve com educação, distribuição de renda, empregos. Quem pode imaginar que armas vão diminuir a violência?

MARCOS: O sobrinho do Assis, que vende pastéis de forno, que a mãe dele faz, na saída do metrô.

PAULA: Que Assis?

MARCOS: O nosso, o meu, o seu ex-porteiro. A mãe dele paga o aluguel com esse dinheiro e mais uma aposentadoria, que é uma miséria. No fim do dia aparece um bandido, com uma pistola, e leva o dinheiro que ele ganhou ralando o dia inteiro. E qual a sua sugestão para ele? Mais educação, distribuição de renda? Quando? Aposto que o sentimento dele é: me dá uma arma.

PAULA: Se ele tivesse uma arma provavelmente estaria morto e a arma na mão do bandido. O Bolsonaro foi assaltado, de moto, tinha uma arma, roubaram a moto e a arma! Ele não quer armas para proteger o sobrinho do Assis, quer mais armas para as milícias! Clube de tiro é fachada para milícia!

MARCOS: Muitas pessoas acham que as milícias podem ajudar a proteger o sobrinho do Assis.

PAULA: Estão erradas! Você sabe, Marcos, que mais armas são uma ideia péssima.

MARCOS: Concordo, o problema é que ninguém, em 30 anos, teve alguma ideia boa, que funcione, para diminuir a violência, que só aumenta. Quando cansa esperar por justiça, o pessoal quer vingança.

PAULA: Quem você acha que será o alvo preferencial dessas armas que o Bolsonaro quer liberar? Nós, que

	moramos em prédios com porteiros e câmeras, ou os pobres, pretos, das periferias?
MARCOS:	Os pobres, pretos, das periferias, sempre são os que mais sofrem.
PAULA:	A maneira de acabar com as mortes da guerra às drogas é acabar com a guerra às drogas, todo mundo sabe disso! [*mostra o cigarro*] Essa droga aqui mata 200 mil brasileiros por ano, quem se importa? Você conhece alguém que morreu de maconha? Vai ver os executivos das fábricas de cigarro e bebida, vê se tem algum preto. A guerra às drogas é a guerra aos pretos e aos pobres.
MARCOS:	Você está saindo com o Mateus?

Pausa.

PAULA:	Faz quanto tempo que você está se preparando para fazer esta pergunta?
MARCOS:	Desde que a gente se encontrou hoje de manhã.
PAULA:	Estou.
MARCOS:	Percebi que estava rolando um clima ontem na sala de redação.
PAULA:	Não rolou clima nenhum na sala de redação. Você ficou sabendo por Dona Madalena, que queria puxar seu saco.
MARCOS:	Você já tinha me falado que se separou porque tinha casado muito jovem...
PAULA:	Uma das razões...
MARCOS:	Isso. E que queria experimentar coisas...

PAULA: Então por que a ironia?

MARCOS: Não achei que você fosse parar de sofrer tão rápido.

PAULA: Quem disse que eu parei? Depois, a gente vem se separando há muito tempo, não foi no dia que a gente decidiu.

MARCOS: Mas existe um dia oficial: três semanas atrás!

PAULA: Você transou com a Joana enquanto a gente estava casado... Quer mais rápido que isso?

MARCOS: Você já era a fim dele antes de a gente se separar?

PAULA: Eu lhe disse alguma coisa a respeito quando a gente era casado?

MARCOS: Não.

PAULA: Então por que eu lhe diria agora?

MARCOS: Porque eu lhe perguntei.

PAULA: Mas você notou algum "clima" entre Mateus e eu quando a gente era casado?

MARCOS: Talvez.

PAULA: Então por que não me perguntou antes?

MARCOS: Medo. Uma vantagem da separação é perder o medo de perder o outro.

PAULA: Ninguém perde ninguém porque ninguém é de ninguém, o amor não dá direito a posse. Os franceses chamam "união livre". Simone de Beauvoir escreveu que para que uma união seja realmente livre não basta permitir algumas puladas de cerca do parceiro ou da parceira.

MARCOS: Isso não é muito complicado, e a liberdade concedida nesse caso é muito pequena. Complicado é dividir o amor, o afeto.

PAULA: Ela e Sartre combinaram que eles podiam viver outros amores, desde que temporários, desde que voltassem sempre um para o outro. E voltaram, durante 50 anos, até que a morte os separou.

MARCOS: Ele teve muitos casos. E ela também, com homens e mulheres.

PAULA: Um problema dessa combinação era justamente esses homens e mulheres. Alguns desses amores temporários sentiam-se frustrados porque queriam e não podiam ser os principais.

MARCOS: Engraçado é que eles, símbolos da união livre, terminaram criando uma regra de fidelidade: o amor deles tinha que ser o principal.

PAULA: Amor, cada um faz o seu. O que eu gosto é que não se dobraram a nenhum modelo, inventaram livremente suas vidas.

MARCOS: A liberdade não está com essa bola toda.

PAULA: Que absurdo! Como assim?

MARCOS: Pergunte às pessoas se elas preferem liberdade ou segurança, você pode ter uma surpresa.

Vinheta chama a volta do debate.

PAULA: Voltaram.

Eles apagam o cigarro.

Blackout.

Trilha sonora: montagem de mensagens gravadas nas redes sociais polemizando a respeito da gestão da pandemia.

CENA 8

Fumódromo.

Paula e Marcos chegam, já acendendo os cigarros.

PAULA: ... não consigo entender como um presidente responsável por mais de 600 mil mortes chegou no segundo turno.

MARCOS: Talvez porque muita gente não ache que ele é o responsável pelas mortes. Morreram milhares de pessoas na Alemanha, nos Estados Unidos, na Itália, na Inglaterra...

PAULA: Mas nenhum dos líderes desses países falou contra as máscaras, nenhum receitou remédios inúteis e perigosos na tevê, nenhum sabotou o distanciamento social...

MARCOS: Isso teve apelo para muita gente, que sobrevive do trabalho, e também com pequenos empresários que viram seus negócios irem por água abaixo. Seiscentas mil pequenas empresas fecharam, desempregaram 9 milhões de pessoas.

PAULA: Pelo menos estão vivas, podem recomeçar depois da pandemia. Ele foi contra a ciência, todo o tempo.

MARCOS: Biologia não é a única ciência que existe. Sociologia, psicologia também são ciências. Um pai, uma mãe, vai ficar sentado em casa vendo os filhos passarem fome? Se você tem que sair de casa para buscar o almoço de amanhã, para sua família, você vai sair de casa.

PAULA: E pegar a doença.

MARCOS: Talvez, mas você vai sair, não tem escolha. E se você vai sair de qualquer jeito, prefere acreditar em quem diz para você ficar em casa ou quem diz para você sair de casa e batalhar a comida das crianças?

PAULA: Isso é uma sacanagem, um crime! Quem pode ficar em casa, tem que ficar. Ninguém tem mais poder que o presidente da república, poder real, verbal, simbólico, para influenciar as pessoas. Ele foi omisso, mas não só. Ele incentivou as pessoas a descumprir cuidados fundamentais, usar máscaras, evitar aglomerações... Para as pessoas não pararem de trabalhar e a crise econômica não cair no colo do governo dele. Que milhares de pessoas a mais morressem com essa estratégia era apenas um detalhe. Ele tirou a máscara de uma criança! E mesmo assim ainda votam nele?

MARCOS: Democracia é isso. Tem gente que acha que ele fez o possível. Com o auxílio emergencial em 2020...

PAULA: Que ele não queria aprovar.

MARCOS: Mas aprovou, e o governo dele pagou. Com esse auxílio, o Brasil teve a maior queda de desigualdade de renda da sua história! Muitas famílias que ganharam 1.200 reais por mês nunca tinham visto tanto dinheiro na vida!

PAULA: E o que adiantou? Foi só o número de mortes diminuir que o auxílio acabou e a miséria e a fome voltaram com tudo!

MARCOS: Não só aqui, no mundo todo.

PAULA: E ninguém lembra que pelo menos 300 mil mortes poderiam ter sido evitadas?

MARCOS: Poderiam mesmo? Quem garante?

PAULA: A ciência.

MARCOS: Que cometeu muitos erros. No começo da pandemia – lembra? –, a gente pegava as compras do supermercado com luvas, deixava os saquinhos plásticos de molho num balde, com desinfetante... E depois pendurava no varal, para secar.

PAULA: Isso era paranoia sua, não sei de mais ninguém que fez isso.

MARCOS: Eu li que o vírus podia ficar no saquinho por três dias. Acho que aquele varal com saquinhos plásticos, na sacada da sala, foi uma das causas da nossa separação.

PAULA: Muita gente se separou durante a quarentena.

MARCOS: Você acha que isso tem a ver no nosso caso?

PAULA: Acho que só acelera uma tendência. Muitos casais que estavam bem e podiam ficar trabalhando de casa, juntos, podem ter ficado ainda mais felizes e a gente não sabe.

MARCOS: Eu achava que durante a quarentena a gente ia fazer mais e não menos sexo.

PAULA: Não acho que tenha a ver com a quarentena.

MARCOS: A gente devia ter falado mais sobre isso.

PAULA: Fazer é melhor.

MARCOS: Falar para fazer melhor.

PAULA: Agora não adianta falar sobre o que a gente devia ter feito e sim sobre o que a gente vai fazer.

MARCOS: Até porque sexo não é mais uma opção.

PAULA: Você acha que vai casar novamente?

MARCOS: Não sei.

PAULA: Eu acho que não.

MARCOS: Ficou traumatizada?

PAULA: Não! A gente foi feliz. Não é sobre nossa relação, é sobre o casamento em si. Não sei se "até que a morte os separe" é uma boa opção.

MARCOS: Nada com morte no meio é bom. Ainda bem que a gente ficou vivo, mesmo que seja para poder assistir a nossa separação.

PAULA: Você se separou um monte de vezes, eu não. Eu tinha certeza de que a gente ia ficar juntos para sempre. Com o tempo esse "para sempre" vai deixando de ser romântico para virar uma imposição.

MARCOS: Para sempre é tempo demais. Às vezes eu me pergunto se a gente ainda ia estar se vendo o tendo essas "DRs, se não fosse o trabalho ou se já tinha ido cada um para um lado.

PAULA: E o que é que você responde?

MARCOS: Que se a gente tivesse tido essas conversas antes talvez não tivesse se separado.

PAULA: O medo de se separar faz varrer os problemas para baixo do tapete. Ninguém gosta de falar de acidente de avião quando está voando.

MARCOS: Falando nisso, você está saindo só com o Mateus?

PAULA: No caso a resposta desagradável seria "sim" ou "não"?

MARCOS: Seria "sim". Acho que é mais fácil ser trocado por várias pessoas. Por uma só parece que eu já estou sendo substituído.

PAULA: Isso é preconceito, é mais um clichê. Ninguém "troca" ou "substitui" uma pessoa por outra, como se fosse um pneu. É ofensivo para a pessoa que foi "substituída" e também para a que "substitui", ela fica achando que pode vir a servir de objeto de troca futuramente.

MARCOS: E não pode? Os carros já saem de fábrica com cinco pneus.

PAULA: Na faculdade você ensinava que o bom texto tem que evitar as frases feitas, que terminam entrando por um ouvido e saindo pelo outro: "rigorosa apuração", "o tempo dirá", "ladeira íngreme".

MARCOS: "Varrer os problemas para baixo do tapete..."

PAULA: Devia ter um curso para evitar frases feitas no amor, isso ia fazer a gente mais livre.

MARCOS: Se a gente só dissesse frases originais ninguém ia entender nada. Se a gente quiser revolucionar as relações amorosas de uma vez só, pode provocar mais sofrimento do que liberdade. Com frases feitas ou não, pelo menos eu estou tentando falar de amor. Você já notou que todas as

	vezes fui eu que tomei a iniciativa de conversar sobre a separação?
PAULA:	Tem razão. Acho que eu também estou com preconceito. Evito puxar o assunto por culpa de ter tomado a iniciativa de separar, ter começado a namorar primeiro.
MARCOS:	Já virou namoro?
PAULA:	É só um jeito delicado de falar.
MARCOS:	Obrigado.
PAULA:	Vamos chorar nossas mágoas juntos. A melhor pessoa para entender tudo que eu estou passando agora é você. E vice-versa. Somos a cura e a doença um do outro.
MARCOS:	O remédio não está fazendo efeito, eu me sinto cada vez mais doente. Eu acho melhor pedir demissão e me afastar de você.
PAULA:	Ficou maluco? Você que criou este jornal, se alguém deve sair sou eu.
MARCOS:	Você vai ficar no meu lugar, tem uma longa carreira pela frente.
PAULA:	Nem pensar. Se você sair, eu saio também. Não vou ser a causa de sua demissão.
MARCOS:	Quem está querendo sair sou eu.
PAULA:	Por causa da nossa separação.
MARCOS:	Pode ser masoquismo a gente continuar se encontrando todo dia.
PAULA:	Pode ser. Pode ser também que a gente esteja querendo controlar o outro ou adiar a separação. Mas pode ser que a gente precise passar por cima de tudo isso para inventar uma nova relação.

MARCOS: É só por um tempo, a gente nunca vai deixar de ser amigos.

PAULA: E a cada seis meses, quando se encontrar por acaso na casa de conhecidos ou numa convenção de jornalistas, dar dois beijinhos no rosto.

MARCOS: Esquece "dois beijinhos", nunca mais haverá "dois beijinhos", este é um hábito extinto pela pandemia, para sempre.

PAULA: Quem sabe? Para sempre é tempo demais.

MARCOS: Temos que aceitar que estamos nos separando.

PAULA: A gente viveu 18 anos junto, por que não pode viver junto a separação?

MARCOS: Porque isso é uma separação.

PAULA: É o fim de um casamento. Não precisa ser o fim do amor.

MARCOS: Eu entendo o que você fala, concordo, acho bonito. Mas sinto uma dor aqui. Uma dor insuportável, incontrolável. É ciúme que chama?

PAULA: "A monstruosa sombra do ciúme."

MARCOS: Tenho vergonha de não corresponder ao que você propõe, e que eu também acredito. E isso piora as coisas, faz você me admirar menos, gostar menos de mim, e aí eu sinto ainda mais ciúme.

Blackout.

CENA 9

Paula está na bancada e dirige-se aos espectadores.

PAULA: Boa noite. Logo depois do intervalo comercial você vai assistir ao último bloco do debate entre Luiz Inácio Lula da Silva e Jair Messias Bolsonaro. Os dois candidatos dirão o que propõem para combater a gravíssima emergência sanitária que representa o aparecimento da cepa Sigma para os brasileiros. E em seguida nos encontramos no Jornal da Noite.

Blackout.

CENA 10

Fumódromo. Marcos fuma e olha o celular, Paula vem entrando.

MARCOS: Eu sinto muito dizer isso, mas o Bolsonaro está ganhando o debate. Longe. E é fácil perceber. No site que apoia o Lula, a pesquisa fajuta diz que ele está ganhando, claro, por 53 a 47. No site que apoia o Bolsonaro a pesquisa fajuta diz que ele está ganhando por 68 a 32.

PAULA: Média entre duas pesquisas fajutas serve para quê?

MARCOS: Duas mentiras muitas vezes fazem uma verdade. Na média, o Bolsonaro está ganhando, longe.

PAULA: Bolsonaro é um mentiroso, fala com a maior desenvoltura porque não tem nenhum compromisso com a verdade. Hoje ele diz qualquer coisa, amanhã ele diz o oposto, e depois de amanhã nega que tenha dito qualquer uma das duas coisas. Lula, amanhã, tem que sustentar o que disse hoje.

MARCOS: Ele já mudou muitas vezes.

PAULA: Não do dia para a noite.

MARCOS: Nesse debate ele vacilou, mostrou indecisão, incoerência, fez raciocínios complicados sobre economia.

PAULA: Porque é um assunto complicado. Ele disse, com razão, "todo problema complicado tem uma solução simples e errada". O cara ganhar um debate não quer dizer que ele será o melhor presidente.

MARCOS: Claro que não! Significa só que ele ganhou o debate. Mas ganhar o debate, no último dia da campanha, a eleição empatada... Acho que o Lula se ferrou.

PAULA: Falta o último bloco.

MARCOS: Os primeiros blocos são mais importantes, tem mais gente acordada, mais audiência. O Lula perdeu o debate. Todo mundo viu. O programa do Lula vai dizer que ele ganhou, o do Bolsonaro vai dizer que ele ganhou. Nós temos que fazer um compacto do debate que mostre a verdade. É a nossa profissão, dizer a verdade.

PAULA: A última pesquisa diz que 38% das pessoas só vão decidir em quem votar amanhã. Se a gente fizer uma montagem pendendo para o lado de Bolsonaro, o prestígio e a confiança que o público

	tem em nós pode induzir muita gente a votar nele. Vamos mostrar os melhores momentos dos dois candidatos, mostrar um debate equilibrado.

MARCOS: Sei. Mostramos o gol do Brasil, e só um gol da Alemanha, os outros seis a gente faz que não viu.

PAULA: Não é hora de subir no muro, ser imparcial.

MARCOS: A verdade é sempre a melhor escolha.

PAULA: Não é. Um médico dizer a um paciente em estado grave que ele provavelmente vai morrer pode acelerar sua morte, uma mentira delicada pode lhe dar forças para viver. Um bombeiro gritar "Fogo!" pode causar pânico e mais mortes.

MARCOS: A função do médico e do bombeiro é salvar vidas, a do jornalista é dizer a verdade.

PAULA: Nós não temos o direito de tomar partido, dizer quem venceu o debate. Ser isento, ou "justo", como você prefere, nessa hora vai parecer que estamos apoiando um cara que foi responsável por centenas de milhares de mortes por não acreditar na vacina.

MARCOS: Paula, digamos que você fosse a presidente do Brasil.

PAULA: O país já tem problemas demais.

MARCOS: Você seria ótima presidente. Fim de fevereiro de 2020. Os técnicos, alguns médicos, um assessor, chegam para você e dizem: "Presidente. Tem esta epidemia na China, chegou na Itália, já tem aqui." Você pergunta: "Quantos casos?" "Dois casos confirmados, mas devem ser muito mais." "Quantas mortes?" "Nenhuma." "E a vacina?" "Não tem vacina. Tem gente que quer fechar muita coisa, shoppings, escolas, restaurantes, indústrias... Só o que pode barrar a transmissão é máscara, isolamento social e vacina." Aí você pergunta: "E quanto tempo leva para chegar a vacina?" O seu assessor, que não mente, responde: "Ninguém sabe. A vacina mais rápida até hoje é a da caxumba, levou 4 anos para ficar pronta. A vacina do sarampo vem em segundo lugar, levou 9 anos para ficar pronta. Até hoje não descobriram vacina para a Aids." Tudo isso, até agora, é verdade inquestionável, fato. Aí você, presidente, pensa: "As opções são fechar tudo, no mínimo por 4 anos, talvez para sempre... ou não fazer nada e deixar a economia funcionando?" E o seu assessor responderia: "É isso." O que você faria?

PAULA: Eu perguntaria: "Se não fizermos nada, quantos brasileiros vão morrer?" E o meu assessor responderia: "Quando mais da metade se contaminar, começa a cair a transmissão." Aí eu faria a conta: "Metade da população, 100 milhões, a letalidade dos contaminados está em torno de 2%... 2% de 100 milhões... Dois milhões de mortos?" E o meu assessor, que não mente, confirmaria: "Se não fizermos nada, serão 2 milhões de mortes." E aí eu diria: "Temos que fazer alguma coisa!"

MARCOS: E alguma coisa é o quê? É você quem decide.

PAULA: Eu acreditaria na ciência! "A ciência evoluiu muito, todos os cientistas do mundo procurando uma vacina, para uma doença que paralisa a economia mundial, que dá em rico! Vão achar a vacina logo!" E eu estaria certa, fizeram oito vacinas diferentes em um ano! Ele resolveu desprezar a ciência, ignorar a vacina, a máscara, o distanciamento, decidiu empurrar as pessoas para a morte! "É uma gripezinha! Uma chuva, todo mundo vai pegar!

Tem que enfrentar que nem homem! Todo mundo morre um dia! Brasileiro nada no esgoto!"

MARCOS: Ele apostava que continuando normalmente com suas atividades as pessoas iam se contaminar mais rápido, até que a imunidade de rebanho acabasse com a pandemia. E isso sem que a economia precisasse diminuir seu ritmo.

PAULA: Ele sabotou o distanciamento social, o uso de máscara e inventou a cloroquina para que as pessoas perdessem o medo de ir para as ruas. Ele queria acelerar o contágio, dane-se que o resultado fosse aumentar o número de mortes. Ele sabia que, sem vacina, sem nada, a gente ia ter 2 milhões de mortes. Não foi só descuido, foi uma política deliberada. Um genocídio planejado!

MARCOS: Como pessoa física, eu concordo com você. Como jornalista eu tenho que esperar o veredicto do tribunal, que aceitou a denúncia da CPI, Bolsonaro vai ser julgado.

PAULA: O que é que estão esperando?! Quando todo mundo já sabia que a única saída era a vacina, Bolsonaro continuou sabotando a vacina. Disse que a vacina poderia ser perigosa, que não compraria vacinas, que não tomaria a vacina, que metade da população no Brasil não tomaria a vacina, que a vacina não tinha comprovação científica, que os vacinados poderiam se transformar em jacarés, que a vacina poderia causar morte, invalidez, anomalia. Bolsonaro sabia que milhares iam morrer, "todo mundo morre um dia". Ele agiu, todo o tempo, espalhando dúvidas, desinformação.

MARCOS: Você tem toda a razão. Muita gente pensou assim, "Deixa a economia aberta!", mas logo mudou de ideia.

PAULA: Se Bolsonaro estava tão preocupado com a economia por que não comprou logo as vacinas?

MARCOS: Todas as atitudes de Bolsonaro, por mais absurdas que pareçam, podiam ter por trás algum cálculo político, mas esta é realmente um mistério absoluto.

PAULA: O custo para o país com o atraso na vacinação foi de 130 bilhões, 15 vezes mais do que o país gasta para vacinar toda a população. Ele recusou 100 milhões de doses da vacina!

MARCOS: Se ele tivesse comprado as vacinas logo no início, levando em conta que o Brasil é capaz de aplicar 2 milhões de vacinas por dia, ia poupar milhares de vidas, a economia ia voltar a funcionar logo, seríamos um dos primeiros países a controlar a epidemia. Ele teria ganho esta eleição no primeiro turno!

PAULA: Ele fez o oposto disso. Centenas de milhares de pessoas morreram, os médicos e enfermeiros lutando contra a morte até a exaustão, e ele nunca, nenhuma vez, visitou um hospital!

MARCOS: Você tem razão, aqui entramos no domínio do irracional. "Abaixo a inteligência, viva a morte!", isso é o fascismo.

PAULA: E você ainda quer ser "justo" dizendo que Bolsonaro ganhou o debate?

MARCOS: Acontece que quando ele viu que o mundo se vacinava, retomava suas economias e o Brasil ficava para trás, ele comprou as vacinas.

PAULA: Muito tarde, e muito menos do que devia. Quantas mortes isso custou?

MARCOS: Centenas de milhares.

PAULA: Que podiam ser evitadas. Ele negou tudo o que tinha dito, e está gravado, disse que nunca falou contra as vacinas.

MARCOS: Eu sei, era mentira, mas era uma boa notícia, porque as vacinas começaram a chegar, a vacinação andou.

PAULA: Por conta do SUS e do nosso sistema de vacinação, que tem 30 anos e que ele não conseguiu destruir.

MARCOS: Pode ser, mas o fato é que o Brasil recuperou parte do atraso e a maioria atribuiu isso a Bolsonaro e à eficiência do governo.

PAULA: A maioria pode estar muito errada.

MARCOS: Democracia é confiar em quem pensa diferente. O que você sugere em troca? Monarquia? Um déspota esclarecido?

PAULA: Você está se escondendo atrás da democracia para não fazer nada.

MARCOS: Daqui a quatro anos tem outra eleição.

PAULA: Talvez você tenha razão: você está mesmo velho.

MARCOS: Foi o que eu disse. Mais velho, mais sábio.

PAULA: Ou mais covarde.

Ela apaga o cigarro e sai. Marcos fica só. Aumenta o volume do celular e escuta a voz do apresentador do debate.

Blackout.

CENA 11

Paula está na bancada lendo algo num papel. Marcos está a seu lado.

VOZ EM OFF: Cinco minutos para entrar no ar.

Paula termina de ler.

PAULA: Isso já estava pronto ou você escreveu agora?

MARCOS: Tinha um rascunho pronto, terminei e revisei agora.

PAULA: Desculpa pelo que eu disse, eu estou exausta.

MARCOS: Paula, nós nunca pedimos desculpas, não vamos começar agora.

PAULA: Você tem noção do que está fazendo?

MARCOS: Sim. Estou me tornando um homem-bomba e prestes a não ter um emprego fixo pelos próximos anos.

PAULA: Eu não posso ler isso no ar, Marcos.

MARCOS: Eu agradeço sua preocupação, mas não acho que meu emprego valha tanto.

PAULA: Não é por você.

MARCOS: Você não queria aproveitar a última chance que a gente tem de tentar fazer alguma coisa pelo país?

PAULA: Queria, mas não... isso.

MARCOS: Não gostou do texto?

PAULA: Não é o caso de gostar ou não gostar. Jornalismo não pode fazer isso.

MARCOS: Por que não? Foi você que me lembrou que a isenção jornalística depende das circunstâncias.

PAULA: Eu não acho que as circunstâncias justificam o seu texto.

MARCOS: Eu acho que elas justificam até coisa pior. Essa nova cepa do vírus pode ser dez vezes mais contagiosa, três vezes mais letal. Todos os cientistas dizem que é preciso vacinar com uma terceira dose, o mais rápido possível, fazer distanciamento. Bolsonaro desdenhou da vacina, mais uma vez, disse que a necessidade de uma terceira dose era a prova da ineficiência da vacina.

PAULA: Qual a novidade? Ele faz isso desde o início. Quando eu lhe disse que Bolsonaro era contra a vacina você respondeu que a maioria das pessoas não achava isso.

MARCOS: As pessoas estavam aliviadas porque a vacina estava controlando a pandemia e já não havia mais nada a fazer pelos mortos. Agora é diferente.

PAULA: Diferente por quê?

MARCOS: Porque agora não é o caso de chorar ou determinar um culpado pelas mortes que já aconteceram, é o caso de evitar mais mortes, um assassinato em massa. Um genocídio. As opiniões do Bolsonaro, sua falta de projeto para enfrentar esta nova onda do vírus, vão custar ao país, mais uma vez, centenas de milhares de mortos. E a gente não vai fazer nada?

PAULA: Você sugeriu que a gente fizesse jornalismo.

MARCOS: Nesse caso, jornalismo pode não ser o suficiente.

PAULA: Lula já disse no debate o que precisava ser dito, pediu que todos se vacinassem, disse que quem não quer vacina não pode botar em risco a vida dos outros, não pode entrar num avião, numa sala de aula, num restaurante, num cinema... E parece, pelo Twitter, que empatou o debate. Lula ganhou o último bloco.

MARCOS: E por causa disso agora você acha que pode ser imparcial, justa, ficar em cima do muro e dizer "foi empate"? E se o Bolsonaro ganhar?

PAULA: [*mostra o papel*] Marcos, a gente não pode dizer isso num telejornal.

MARCOS: Muitos jornais, no mundo todo, abrem seu voto nos editoriais.

PAULA: Nos editoriais, não no meio das notícias. E não numa tevê aberta, uma concessão pública. O que você quer fazer não é jornalismo, é propaganda. Nós falamos para o país inteiro, não podemos dizer [*mostra o papel*] "não votem em Bolsonaro", "defender a vida é votar no Lula".

MARCOS: Eu assumo as consequências.

PAULA: Não é por medo das consequências para mim, se é o que você está insinuando.

MARCOS: Por que então?

PAULA: O seu texto pode ser um tiro no pé, alimentar o discurso do Bolsonaro de que é perseguido pela grande mídia, fazer muitos indecisos votarem nele.

MARCOS: A ideia é que faça muitos indecisos votarem no Lula.

PAULA: Você não pode decidir sozinho uma mudança de posição como essa.

MARCOS: O meu texto é esse, não vou escrever outro.

PAULA: Sou eu que apareço na casa das pessoas.

MARCOS: Então você diz o que quiser. A responsabilidade vai ser sua.

VOZ EM OFF: Um minuto!

Marcos sai. Paula ainda olha seu celular. A luz muda. Na trilha sonora entra a contagem regressiva e uma vinheta do jornal.

Paula se ajeita na bancada.

CENA 12

Paula, na bancada do telejornal.

PAULA: Boa noite. O último debate entre os candidatos à Presidência encerrou a campanha eleitoral no país. A propaganda gratuita na televisão e no rádio terminou ontem, amanhã estão proibidos comícios, distribuição de material publicitário e a publicação de pesquisas.

Nós poderíamos aqui fazer um compacto do debate tentando ser imparciais, neutros, justos, mas achamos que não seríamos capazes e não vamos fazer isso. O debate teve uma enorme audiência, maior do que a que terá o nosso jornal. Nós acreditamos que os espectadores que assistiram ao debate na íntegra saberão julgá-lo por si próprios, e é melhor que seja assim.

Você deve estar vendo, nas redes sociais, muitas edições do debate, os melhores e os piores momentos de cada candidato, dependendo da torcida. Um debate político não é um jogo de futebol que pode ser condensado em poucos minutos e onde existe um placar final que indica claramente um vencedor. As ideias precisam de tempo para serem entendidas em seu contexto e o desempenho dos debatedores precisa ser visto na íntegra. Quem não viu ao vivo, pode ver o debate inteiro no site do nosso jornal.

O seu voto não deve ser decidido apenas por este último debate, às vésperas da eleição, quando as paixões e o nervosismo tomam conta dos candidatos e dos eleitores. O voto deve levar em conta toda a campanha e, além dela, o histórico dos candidatos, suas palavras e suas ações.

É preciso confiar na democracia. Pense bem antes de votar.

Blackout.

Vinheta sonora do jornal.

CENA 13

Fumódromo, início da noite seguinte, dia da eleição.
Marcos está lendo o celular, chega Paula.

MARCOS: Segundo a opinião da imensa maioria dos internautas – e a minha também – ontem você deu a melhor aula de que não existe neutralidade absoluta no jornalismo. #AULAdePAULA bombando.

PAULA: Eu preferia ter lido o seu texto.

MARCOS: Eu guardei uma cópia.

PAULA: Eu também.

MARCOS: Nunca me senti tão livre quanto no momento em que escrevi aquele texto. Não tanto pelo que estava escrito, eu já fiz muitos panfletos semelhantes contra a ditadura quando era estudante, mas porque tive coragem para jogar fora 30 anos de trabalho como jornalista por algo que acredito.

PAULA: E eu não li.

MARCOS: Você fez bem em não ler. Eu falei que estava na hora de você ser a editora-chefe.

PAULA: Você falou isso porque não queria mais que a gente trabalhasse junto.

MARCOS: Mudei de ideia.

PAULA: Por quê?

MARCOS: Você me fez lembrar do orgulho de ser jornalista.

PAULA: E agora?

MARCOS: Agora eu quero me libertar do ciúme, ter coragem para jogar fora 18 anos de casamento e inventar outra relação entre a gente. E parar de fumar.

PAULA: Não acha mais que é masoquismo a gente continuar se encontrando todo dia?

MARCOS: Não.

PAULA: Ter ciúme pode ser inevitável, mas a gente não devia achar normal. Eu não entendo quando se diz que o ciúme é o tempero do amor.

MARCOS: Mais um clichê, dos piores.

PAULA: O ciúme é o avesso do amor. Deixar de amar para acabar com o ciúme é parar de beber água com medo de se molhar. É porque eu amo você que eu respeito a sua liberdade, inclusive a de ir embora quando quiser.

MARCOS: E vice-versa.

PAULA: E vice-versa. Posso me separar de você sem deixar de lhe amar.

MARCOS: O amor depois do fim.

PAULA: O amor sem fim.

MARCOS: Será que é possível?

PAULA: Vamos ver. Amar sem culpa uma pessoa nova, inventar com ela desde o começo um outro tipo de amor, respeitando a liberdade dela para assumir a nossa.

MARCOS: Bonito. Tomara que funcione.

PAULA: A gente só vai saber se tentar.

Marcos olha o celular.

PAULA: Alguma pesquisa de boca de urna?

MARCOS: Nenhuma, só boatos e pesquisas fajutas.

PAULA: Os institutos sérios não fazem mais pesquisa de boca de urna.

MARCOS: Por quê?

PAULA: É muito caro e só dura poucas horas. Às oito da noite, horário de Brasília, fecham as urnas no Acre, começam a divulgar os números já apurados de todo o Brasil e em poucos minutos já se sabe quem venceu.

MARCOS: Toda essa agonia só por causa do Acre! Quanto falta?

PAULA: São 7h58. Dois minutos.

MARCOS: Não sei para que eu fui chefe tanto tempo. Estou adorando voltar para a redação.

PAULA: Olhar uma mesma situação de vários pontos de vista ao mesmo tempo, este é o ideal do jornalista. Eu, por exemplo, estou adorando mandar em você.

MARCOS: Aproveite enquanto pode. Se Lula ganhar eu vou sair do jornal.

PAULA: Por quê?

MARCOS: Quero ficar mais independente.

PAULA: E se não ganhar?

MARCOS: Aí eu fico. Não vou lhe deixar nessa roubada. A luta continua.

PAULA: Se Bolsonaro ganhar, o que é que eu vou dizer hoje?

MARCOS: Você vai pensar em alguma coisa.

PAULA: Eu não sei nem se vou ter estômago para continuar nesse trabalho.

MARCOS: Vai, sim. Mas eu não queria estar no seu lugar. Um minuto.

PAULA: Agora eu entendi. Você fez tudo isso para passar essa roubada adiante e continuar no emprego como amigo da chefe.

MARCOS: Amigo? Eu já virei seu amigo?

PAULA: Você prefere o quê, ex-marido?

MARCOS: Quem sabe os dois? E eu, como vou lhe chamar?

PAULA: Ex-mulher?

MARCOS: Não dá, nunca lhe chamei de "minha mulher", agora vou chamar de ex-mulher?

PAULA: Ex-esposa...

MARCOS: Exexposa... Exxxxxposa.

PAULA: [*ela aponta para ele*] Exxxxchefe. [*aponta para si*] Exxxxposa.

Riem. Ela bate o olho no celular e fica séria de repente.

Apaga a luz de cena e fica só a luz da tela dos celulares no rosto deles.

PAULA: Oito horas. Já tem 30% das urnas apuradas.

MARCOS: Já dá para saber quem ganhou?

Marcos e Paula leem em suspense. Antes que possam reagir, apagam-se as telas dos celulares e...

Blackout.

FIM

Rio de Janeiro / Porto Alegre
5 de julho de 2021, 16h27

O estado a que chegamos

A peça é composta, em toda sua extensão, por afirmações e réplicas rápidas trocadas entre os dois únicos personagens. *O debate* é, portanto, literalmente um debate. Ou melhor, são três os debates, respeitadas as devidas diferenças:

Há o debate da campanha presidencial de 2022, ausente da ação (1); a propósito do qual os dois protagonistas, Marcos e Paula, jornalistas, estabelecem uma discussão política, ou seja, um debate sobre o debate (2). Há também o jogo de esgrima finíssimo, ao mesmo tempo pungente e hilário, entre os dois, ex-casal, com incursões ao universo afetivo de uma vida em comum (3). E que, por sua vez, através de toda a ação, entrecorta a discussão sobre a edição e a apresentação televisiva do debate.

A época é um futuro próximo, onde perduram as ameaças da pandemia (há uma nova cepa) e a Constituição de 1988 ainda vigora, uma vez que a eleição para presidente está em jogo. Como de hábito nos textos de peças de teatro, a apresentação dos personagens tem uma clareza sucinta, assemelhada aos ideogramas. Neste caso, ela pode também se comparar à maneira de se apresentar pugilistas:

No canto direito, temos *Marcos, 60 anos, roupa, de trabalho, celular na mão, lê e fuma.* Do lado esquerdo, *Paula, 42 anos, roupa de trabalho, fumando e com celular na mão.*

As três situações respondem à definição de debate contida nos dicionários: "expor razões em defesa de uma opinião ou contra um argumento". No caso do debate eleitoral, o envolvimento entre os dois candidatos – por exemplo, na abordagem contraditória de um mesmo tópico – não visa, obviamente, ao convencimento recíproco, mas à aprovação do eleitor. Neste caso, a linguagem não seria apenas uma via da razão ou da manifestação de um afeto, mas busca servir a uma vontade de poder que acena com valores sociais e crenças valoradas pelo maior número. Para tal, vale igualmente uma diversidade de outros recursos: a força da retórica, a ênfase expressiva, ou outro adereço atrativo. Diferentemente, as duas outras discussões, as que estão no palco, sobre o amor e sobre a política perseguem o acerto e a cumplicidade, mesmo e sobretudo, através do conflito. Em todo caso, é uma aventura comum.

Marcos nasceu em 1962, um ano depois da renúncia de Jânio Quadros (21/8/1961), seguida de um pronunciamento militar que visava a impedir a posse do vice-presidente João Goulart. Tratava-se de mais um incidente que atropelava a ordem constitucional, inaugurada com a Carta de 1946, aquela que seria, se não revogada, posta de lado pelo movimento militar de 1964.

O golpe constitui uma espécie de marco cívico-biográfico para os da geração nascida em meados da década de 1940, cujos sobreviventes são hoje em dia septuagenários. E que, eventualmente, foram testemunhas ou partícipes das manifestações de 1968, do movimento estudantil, das incipientes ações de luta armada e da repressão advinda com o AI-5 (13/12/1968), ano em que Marcos completou 6 anos de idade.

A partir do início de 1968 e até 1973, as gerações de 1946 e a dos pais de Marcos, um pouco mais velha, beneficiaram-se do impulso socioeconômico proporcionado pelo "milagre", período em que o Brasil cresceu a taxas de dois dígitos e teve aumento anual percentual da renda *per capita* triplicado.

O país começou a adquirir algumas marcas convencionais do desenvolvimento, sobretudo nas grandes cidades: a emergência de um sistema universitário nacional, modernização das comunicações, transformações nas relações sociais e interpessoais, através, por exemplo, de mudanças de longo alcance na estrutura populacional, com a redução drástica no tamanho das famílias, adiamento dos primeiros nascimentos, aumento da incidência de múltiplos (e sucessivos) casamentos e outras manifestações de certa modernidade ainda por vir nas décadas seguintes. Uma discussão sobre a relação amorosa, tal como se apresenta em *O debate* seria bem menos provável. Vê-se que Paula é levada – na falta de exemplo mais familiar à sua volta – a recorrer ao ilustre precedente do casal Sartre e Simone de Beauvoir, há décadas desaparecidos, para ilustrar um de seus argumentos.

Durante a infância de Marcos o regime político, embora parecesse se eternizar, dava sinais de que apresentaria mudanças e mudaria substantivamente. De toda maneira, o ingresso no mundo cívico lhe foi auspicioso: Marcos completa 19 anos em 1979, o ano da anistia. Paula nasceu um ano depois. Teria 8 anos quando a Constituição de 1988 foi proclamada. Parecia que o Brasil, apesar de seus imensos defeitos e carências, firmara por um bom tempo o seu rumo no campo das nações modernas.

Marcos e Paula formavam um casal típico de um fragmento da classe média alta das grandes cidades (na verdade, quase um tipo ideal de Max Weber): profissionais bem-sucedidos, cultivados, espírito crítico aguçado pela própria atividade de trabalho, progressistas, provavelmente tendo apoiado aqui e acolá candidatos de esquerda. Mais remotamente, um deles poderia ter tido alguma atividade militante. Ambos seriam respeitosos, com mais ou menos humor na diversidade e liberais nos costumes.

Há algum tempo, por umas três décadas, algumas características haviam se incrustado, por assim dizer, no panorama da vida política e social brasileira: as liberdades democráticas vinham sendo mantidas, o país crescia de maneira desigual (à decadência carioca corresponde o desenvolvimento do Centro-Oeste), nem sempre em ritmo notável, mas ininterrupto, a política era uma gangorra entre uma social-democracia mais à direita e uma social-democracia mais à esquerda (com um centrão), ora um pouco animada, ora enfadonha; nada que lembrasse o futuro glorioso dos sonhos revolucionários das gerações passadas. A extrema direita, quando e se existia, não importava para a cena política relevante. Aliás, uma boa parte dos candidatos de boa ou de má-fé dizia-se de esquerda ou de centro-esquerda. Nada parecia anunciar – para os Marcos, as Paulas (e para mim) o que rapidamente veio a ser um movimento político vitorioso que consagraria Bolsonaro presidente no dia 28 de outubro de 2018.

É claro que vários dos elementos ali presentes faziam – e fazem – parte de nosso patrimônio político cultural menos glorioso: desde o nosso prosaico cafajestismo aos preconceitos ostentados por camadas da população urbana que manifestam ressentimento contra a valorização pública de grupos antes desconsiderados (negros, LGBTQIA+), a emergência de organizações como as milícias, o sentimentalismo cruel de um patriotismo carnavalesco. Nada, porém, anunciava que desse magma surgisse um motor que reunisse algo como um movimento eleitoral viável. Para mim, então, que integro o grupo dos septuagenários acima mencionados, os 55,3% de votos de Bolsonaro ressoaram na alma como se abril de 1964 houvesse sido "plebiscitado".

Perguntado o que achava do Estado Novo, Appario Torelly, o Barão de Itararé, teria dito: "É o estado a que chegamos." Está aí uma constatação singela, porém segura, para se iniciar uma reflexão ou semear reflexões nos dias que correm. É, portanto, salutar que se escreva uma peça sobre discussões e debates.

Para Hannah Arendt, no seu *A condição humana* (1958), a política é a expressão maior da liberdade humana e ela não pode ficar presa à necessidade sem renunciar a sua essência. Quando um homem político decide que a ação humana é presa à necessidade e o seu rumo é a ela condicionado, a política desaparece. Porque não deveria haver uma única resposta possível a um problema político.

A política existe quando há confrontação de diferentes visões de um mesmo problema, em que ela assume a dimensão plural do entendimento humano. Seria um processo de discussão sempre à disposição dos homens na construção da vida em comum. Um pouco à maneira de como Paula imaginava que Sartre e Simone de Beauvoir construíram a deles. Talvez porque, quando um casal decide que seu destino é preso à necessidade e o seu rumo é a ela condicionado, o amor desaparece.

José Almino[*]

---

[*] José Almino é sociólogo e escritor. Foi pesquisador titular da Fundação Casa de Rui Barbosa até 2021, instituição que presidiu de 2003 a 2011. Publicou os livros de ensaios *Gordos, magros e guenzos: Crônicas* (Cepe), *Uns e outros* (Nau/Faperj) e os livros de poesia *A estrela fria* (Companhia das Letras) e *Encouraçado e cosido dentro da pele* (Confraria do Vento).

© Editora de Livros Cobogó, 2021

Editora-chefe
Isabel Diegues

Editora
Aïcha Barat

Gerente de produção
Melina Bial

Revisão final
Eduardo Carneiro

Projeto gráfico de miolo e diagramação
Mari Taboada

Capa
Thiago Lacaz

CIP-BRASIL. CATALOGAÇÃO-NA-FONTE
SINDICATO NACIONAL DOS EDITORES DE LIVROS, RJ

     Arraes, Guel, 1953-
A796d   O debate / Guel Arraes, Jorge Furtado. - 1. ed.- Rio de Janeiro : Cobogó, 2021.
                                  80 p. ; 19 cm. (Dramaturgia)
     ISBN 978-65-5691-036-9

     1. Teatro brasileiro. I. Furtado, Jorge. I. Título. II. Série.

21-72167   CDD: 869.2
                                                                  CDU: 82-2(81)

Camila Donis Hartmann- Bibliotecária- CRB-7/6472

Nesta edição, foi respeitado o Acordo Ortográfico da Língua Portuguesa de 1990, que entrou em vigor no Brasil em 2009

Todos os direitos reservados à
Editora de Livros Cobogó Ltda.
Rua Gen. Dionísio, 53, Humaitá
Rio de Janeiro — RJ — Brasil — 22271-050
www.cobogo.com.br

Outros títulos desta coleção:

COLEÇÃO DRAMATURGIA

ALGUÉM ACABA DE MORRER LÁ FORA, de Jô Bilac

NINGUÉM FALOU QUE SERIA FÁCIL, de Felipe Rocha

TRABALHOS DE AMORES QUASE PERDIDOS, de Pedro Brício

NEM UM DIA SE PASSA SEM NOTÍCIAS SUAS, de Daniela Pereira de Carvalho

OS ESTONIANOS, de Julia Spadaccini

PONTO DE FUGA, de Rodrigo Nogueira

POR ELISE, de Grace Passô

MARCHA PARA ZENTURO, de Grace Passô

AMORES SURDOS, de Grace Passô

CONGRESSO INTERNACIONAL DO MEDO, de Grace Passô

IN ON IT | A PRIMEIRA VISTA, de Daniel MacIvor

INCÊNDIOS, de Wajdi Mouawad

CINE MONSTRO, de Daniel MacIvor

CONSELHO DE CLASSE, de Jô Bilac

CARA DE CAVALO, de Pedro Kosovski

GARRAS CURVAS E UM CANTO SEDUTOR, de Daniele Avila Small

OS MAMUTES, de Jô Bilac

INFÂNCIA, TIROS E PLUMAS, de Jô Bilac

NEM MESMO TODO O OCEANO, adaptação de Inez Viana do romance de Alcione Araújo

NÔMADES, de Marcio Abreu e Patrick Pessoa

CARANGUEJO OVERDRIVE, de Pedro Kosovski

BR-TRANS, de Silvero Pereira

KRUM, do Hanoch Levin

MARÉ/PROJETO BRASIL, de Marcio Abreu

AS PALAVRAS E AS COISAS, de Pedro Brício

MATA TEU PAI, de Grace Passô

ÃRRÃ, de Vinicius Calderoni

JANIS, de Diogo Liberano

NÃO NEM NADA, de Vinicius Calderoni

CHORUME, de Vinicius Calderoni

- **GUANABARA CANIBAL**, de Pedro Kosovski
- **TOM NA FAZENDA**, de Michel Marc Bouchard
- **OS ARQUEÓLOGOS**, de Vinicius Calderoni
- **ESCUTA!**, de Francisco Ohana
- **ROSE**, de Cecilia Ripoll
- **O ENIGMA DO BOM DIA**, de Olga Almeida
- **A ÚLTIMA PEÇA**, de Inez Viana
- **BURAQUINHOS OU O VENTO É INIMIGO DO PICUMÃ**, de Jhonny Salaberg
- **PASSARINHO**, de Ana Kutner
- **INSETOS**, de Jô Bilac
- **A TROPA**, de Gustavo Pinheiro
- **A GARAGEM**, de Felipe Haiut
- **SILÊNCIO.DOC**, de Marcelo Varzea
- **PRETO**, de Grace Passô, Marcio Abreu e Nadja Naira
- **MARTA, ROSA E JOÃO**, de Malu Galli
- **MATO CHEIO**, de Carcaça de Poéticas Negras
- **YELLOW BASTARD**, de Diogo Liberano
- **SINFONIA SONHO**, de Diogo Liberano
- **SÓ PERCEBO QUE ESTOU CORRENDO QUANDO VEJO QUE ESTOU CAINDO**, de Lane Lopes
- **SAIA**, de Marcéli Torquato
- **DESCULPE O TRANSTORNO**, de Jonatan Magella
- **TUKANKÁTON + O TERCEIRO SINAL**, de Otávio Frias Filho
- **SUELEN NARA IAN**, de Luisa Arraes
- **SÍSIFO**, de Gregorio Duvivier e Vinicius Calderoni
- **HOJE NÃO SAIO DAQUI**, de Cia Marginal e Jô Bilac
- **PARTO PAVILHÃO**, de Jhonny Salaberg
- **A MULHER ARRASTADA**, de Diones Camargo
- **CÉREBRO_CORAÇÃO**, de Mariana Lima
- **O DEBATE**, de Guel Arraes e Jorge Furtado
- **BICHOS DANÇANTES**, de Alex Neoral

COLEÇÃO DRAMATURGIA FRANCESA

É A VIDA, de Mohamed El Khatib | Tradução Gabriel F.

FIZ BEM?, de Pauline Sales | Tradução Pedro Kosovski

ONDE E QUANDO NÓS MORREMOS, de Riad Gahmi | Tradução Grupo Carmin

PULVERIZADOS, de Alexandra Badea | Tradução Marcio Abreu

EU CARREGUEI MEU PAI SOBRE MEUS OMBROS, de Fabrice Melquiot | Tradução Alexandre Dal Farra

HOMENS QUE CAEM, de Marion Aubert | Tradução Renato Forin Jr.

PUNHOS, de Pauline Peyrade | Tradução Grace Passô

QUEIMADURAS, de Hubert Colas | Tradução Jezebel De Carli

COLEÇÃO DRAMATURGIA ESPANHOLA

A PAZ PERPÉTUA, de Juan Mayorga | Tradução Aderbal Freire-Filho

ATRA BÍLIS, de Laila Ripoll | Tradução Hugo Rodas

CACHORRO MORTO NA LAVANDERIA: OS FORTES, de Angélica Liddell | Tradução Beatriz Sayad

CLIFF (PRECIPÍCIO), de José Alberto Conejero | Tradução Fernando Yamamoto

DENTRO DA TERRA, de Paco Bezerra | Tradução Roberto Alvim

MÜNCHAUSEN, de Lucía Vilanova | Tradução Pedro Brício

NN12, de Gracia Morales | Tradução Gilberto Gawronski

O PRINCÍPIO DE ARQUIMEDES, de Josep Maria Miró i Coromina
Tradução Luís Artur Nunes

OS CORPOS PERDIDOS, de José Manuel Mora | Tradução Cibele Forjaz

APRÈS MOI, LE DÉLUGE (DEPOIS DE MIM, O DILÚVIO), de Lluïsa Cunillé | Tradução Marcio Meirelles

2021

———————

1ª reimpressão

Este livro foi composto em Univers.
Impresso pela BMF Gráfica e Editora
sobre papel Pólen Bold 70g/m².